DE LA RÉFORME

DE

L'INSTRUCTION PUBLIQUE,

PAR

P. CHARPENNE.

Prix : 50 centimes.

PARIS

MOQUET, LIBRAIRE-ÉDITEUR,

COUR DE ROHAN, 3,

Près le Passage du Commerce, quartier de l'École de Médecine.

1848

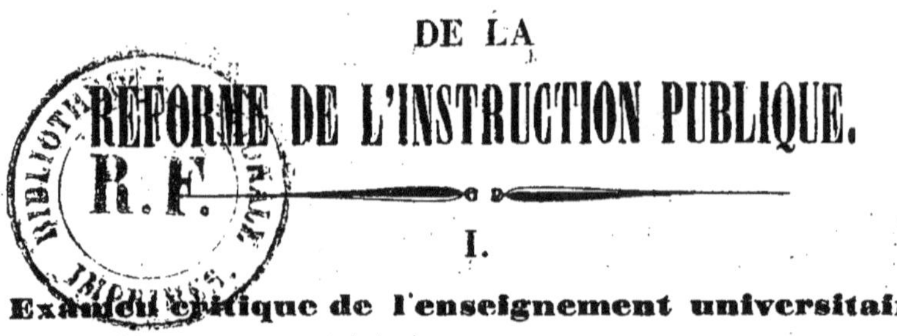

DE LA
RÉFORME DE L'INSTRUCTION PUBLIQUE.

I.

Examen critique de l'enseignement universitaire.

Persuadé que, dans une République, c'est un devoir pour tous les citoyens de signaler les abus qui sont à leur connaissance, de provoquer les changements que l'intérêt général exige, je viens offrir à ma patrie le faible tribut de mes méditations sur une matière dont je m'occupe depuis plus de dix-sept ans. Heureux, si mes conseils, inspirés par le patriotisme, méritent d'attirer l'attention des hommes qui ont le pouvoir, et le sincère désir de faire le bien.

De toutes les réformes impérieusement réclamées par les besoins sociaux, il en est une dont s'occupera nécessairement le gouvernement de la République, c'est celle de l'organisation de l'instruction secondaire. Les nombreux abus que cette institution renferme, ont frappé depuis longtemps les hommes les plus prévenus en sa faveur ; et les remèdes employés pour guérir le mal n'ont été le plus souvent que d'impuissants palliatifs ; quelques uns même l'ont aggravé au lieu de le détruire. Cela vient de ce que l'institution est mauvaise de sa nature, et que le seul moyen de la rendre profitable, c'est de la changer.

En voyant les expédients employés jusqu'à ce jour pour améliorer l'instruction secondaire, tous les replâtrages dont on recouvre ce monument en ruine, j'ai souvent comparé les réformateurs à d'ignorants architectes, faisant réparer les murs lésardés d'un édifice miné par la base, au lieu d'en ordonner la démolition pour le reconstruire sur de nouveaux fondements.

Je laisse à d'autres le soin de montrer les vices matériels de l'université, de cette lourde machine formée de toutes pièces, et dont les nombreux rouages s'engrainent, non sans frottements, à un moteur commun, l'intérêt personnel, pour mettre en mouvement la distribution de l'instruction publique. Créée dans un temps de despotisme, elle ne peut désormais que difficilement fonctionner dans un temps de liberté. D'ailleurs la culture de l'intelligence érigée en monopole, est incompatible avec l'état républicain.

Cependant, comme *l'Université*, telle qu'elle est, sert aujourd'hui de modèle à tous les établissements d'instruction secondaire, je crois indispensable de parler de ses rapports immédiats avec le double but qu'une pareille institution devrait atteindre.

Quel est ce double but ?

1° Le développement du sens moral : car sans moralité on n'est qu'un mauvais citoyen.

2° Le développement de l'intelligence : car l'homme dont l'intelligence n'a jamais été cultivée, peut ne pas nuire à son pays; mais il est, à coup sûr, hors d'état de lui rendre de grands services. Donc toute institution d'instruction secondaire doit à la fois améliorer le cœur par l'éducation, perfectionner l'esprit par l'enseignement des sciences et des lettres.

Or, tout le monde en convient, l'éducation est presque nulle dans les colléges. Et pourtant les études classiques étant terminées, *si notre âme*, dit Montaigne, *ne va en meilleur branle, si nous n'en avons le jugement plus sain, j'aimerais aussi cher que mon escolier eût passé le temps à jouer à la paume : au moins le corps en serait plus allègre.*

— Oui, sans doute, me dira-t-on, l'éducation laisse à désirer ; mais il n'en est pas de même de l'instruction, et le mode d'enseignement universitaire, depuis si long-temps usité, donne tous les résultats désirables. Je soutiens le contraire, et je le prouverai.

Prenons pour exemple, non pas une pension, une institution, où l'on fait de l'enseignement marchandise, où, par une immorale *simonie*, l'on vend au plus offrant l'instruction et la moralité, mais le collége qui est payé par l'état, le lycée, où sont élevés, sur le pied d'égalité, les fils des citoyens riches et pauvres. Le chef supérieur du lycée, c'est le proviseur. Au moyen de ses deux acolytes, l'économe et le censeur, il est censé diriger l'administration et la discipline. Un aumônier est chargé de l'instruction religieuse. Des maîtres d'étude accompagnent les élèves à la promenade, les surveillent pendant les heures de récréation et d'étude, pendant les repas qu'ils prennent avec eux. Ils couchent au milieu d'eux dans les dortoirs, ne les perdent pas un instant de vue, dans l'intervalle des leçons. Tel est le personnel administratif, religieux et discipli-naire : le proviseur, l'économe, l'aumônier, le censeur, les maîtres d'étude. Cette catégorie de fonctionnaires est complétement distincte de celle des professeurs.

Ces derniers, plus nombreux que tous les administrateurs et les surveillants ensemble, ont rarement affaire à eux. Ils vivent, à la vérité, sous le même toit, et, pour ainsi dire, côte à côte ; ils se heurtent, ils se touchent continuellement, mais ils ne se mêlent presque jamais. Ils ne sont réellement confondus que dans les cérémonies publiques. L'unique fonction du professeur consiste à faire sa classe. Le proviseur et ses acolytes n'y ont rien à voir. Le professeur drapé dans sa robe magistrale, y est maître souverain ; à lui appartient le droit de distribuer peines et récompenses; il est magistrat, il est juge en dernier ressort. Il a son exécuteur des hautes œuvres qui a des aides, le censeur avec les maîtres d'étude. Ce sont d'ailleurs les seuls rapports qu'ils aient ensemble, rapports de juge à bourreau. Comme dans la justice criminelle, ces rapports ont souvent lieu par écrit. Le professeur *ordonnance* la punition, le censeur et les maîtres d'études la font subir. Seulement l'élève condamné n'a pas de recours en cassation contre l'arrêt, le proviseur n'est pas un juge suprême. Il jouit, il est vrai, de la première dignité ; il a de gros appointements (1) ; on lui fait la cour, on l'encense , c'est un personnage, un roi, mais un roi constitutionnel, qui règne et ne gouverne pas. Il n'a pas même, quand la justice professorale a prononcé, la douce prérogative de faire grâce. Ce roi, puisque nous l'avons ainsi nommé, peut parfaitement se passer de toucher aux affaires de son petit royaume, et s'en passe. Ses fonctionnaires so indépendants ; les écoliers, ses sujets, le connaissent à peine, et ne le voient presque jamais. Il ne correspond guère avec eux que par son ministre irresponsable, le censeur (2). Quand je dis que ses fonctionnaires sont indépendants, je me trompe ; car les maîtres d'étude sont aussi des fonctionnaires, et ces malheureux sont tellement sous sa dépendance, qu'il peut les renvoyer sans motif. Ce roi, constitutionnel à l'égard des professeurs et du censeur, est souverain absolu à l'égard des maîtres d'études et des élèves.

Parlons maintenant des rapports du professeur(3) avec les écoliers auxquels il est chargé de distribuer le pain de l'instruction. Pendant dix mois de l'année il les *rationne* chaque jour, les dimanches, les fêtes et les jeudis exceptés. La distribution a lieu pendant deux heures matin et soir, en tout quatre heures. Quels que soient les goûts et les appétits de chacun, la ration est la même pour tous : la maxime républicaine de l'égalité est appliquée avec une rigueur mathématique. Il faut avouer que si la qualité de la nourriture intellectuelle laisse souvent à désirer, les écoliers ne pourraient se plaindre de la quantité. Chaque jour on les empâte, on les gorge de matières écrites, imprimées, mâchées, ruminées quelquefois par le professeur lui même, au point de leur donner de nombreuses indigestions de grec et de latin. Je passe sous silence les autres ingrédients linguistiques et scientifiques tout aussi indigestes, qu'on leur fait avaler en même temps bon gré mal gré.

Comme personne ne s'arroge le droit de goûter aux mets que le professeur sert à ses élèves, la classe devient une officine de l'intelligence, et le professeur est à la fois apothicaire et médecin. Combien avons-nous vu de pauvres enfants reculer d'horreur en flairant la pédantesque potion, véritable *baume de fier à bras*, que le professeur avait composé, et qu'il les forçait de prendre !

La classe finie, le maître et l'écolier sont étrangers l'un à l'autre ; l'élève oublie son professeur, et le professeur son élève. Si par hasard ils se rencontrent dans la rue, ils ne se saluent même pas. A quoi bon ? quels rapports, quelle solidarité peuvent-ils exister entr'eux ? La classe est beaucoup trop nombreuse pour que le maître ait la moindre connaissance des aptitudes de tous ses élèves ; le temps pendant lequel il leur donne des leçons, est beaucoup trop court, pour

(1) Il s'agit surtout des colléges de Paris, où les proviseurs ont 10,000 fr. de traitement.

(2) Dans certains colléges de Paris, le censeur lui-même ne fait rien ; il a des suppléants.

(3) Je parle surtout, comme on va le voir, des professeurs de latin et de grec.

qu'il s'intéresse à eux ; et l'année scolaire étant finie, ils ne se reverront plus. En effet, au bout d'un an, l'écolier passe sous la férule d'un nouveau maître qui lui enseigne la même chose dix mois durant, après lesquels, il le transmet à un autre professeur ainsi de suite pendant huit ans. Ainsi pendant huit longues années huit maîtres successifs sont employés à lui apprendre deux langues, le latin et le grec, et chacun se passe l'enfant de mains en mains comme si, au bout d'un an, il était au bout de sa science, et qu'il n'eût plus rien à lui apprendre.

— Vous vous trompez, s'écrieront les partisans de la méthode universitaire, ce n'est pas seulement le latin et le grec que l'on enseigne aux enfants dans les classes de grammaire, mais on leur forme l'esprit par la logique; et tout en leur faisant goûter les beautés littéraires de ces deux langues, on leur élève le cœur par la traduction des plus belles maximes et sentences de l'antiquité ; finalement on leur donne la complète connaissance de la langue française.

Voici ma réponse à ces objections. Pour former le jugement par la logique, l'enseignement raisonné d'une seule langue suffit ; on peut donc se contenter du français, qui est la langue logique par excellence. Un professeur et deux ans d'étude, c'est tout ce qu'il faut à des enfants qui connaissent déjà, avant d'entrer au collége, les éléments de la grammaire française, et sont familiarisés avec les principales difficultés

Il en résulterait deux avantages : une économie de temps, chose précieuse, en république, et la connaissance approfondie de notre langue, que la plupart des écoliers, à leur sortie du collége, ignorent au point de tacher leurs écrits de nombreuses fautes d'orthographe.

Quant aux beautés littéraires du latin et du grec, qu'on prétend leur faire goûter, on leur en a tellement bourré l'esprit, pendant huit ans, que leurs études finies, ils en sont degoûtés pour jamais. L'horreur que leur inspirent les livres classiques est telle qu'ils détournent les yeux pour ne plus les voir ; ceux mêmes qui ont embrassé des professions savantes, les avocats les médecins, les relèguent comme des lépreux au fond de leur bibliothèque, et n'y touchent qu'avec une extrême répugnance, quand la nécessité de leurs études les contraint de chercher une citation mal apprise dans les colléges.

Comment soutenir que dans nos établissements d'instruction secondaire, on élève le cœur des enfants par l'enseignement des sentences et des maximes de l'antiquité lorsque cet enseignement, hérissé de continuelles difficultés philologiques, étouffe sous les mots la pensée de l'auteur ? L'esprit de l'écolier, aidé de la traduction et des commentaires du professeur, arrive, il est vrai, à force de temps, de labeur et de patience, à retenir, tant bien que mal, des lambeaux des deux langues classiques, voila tout. Mais ces lambeaux, il les a bien vite oubliés, si, par un travail assidu, opiniâtre, et surtout mieux dirigé, il ne s'efforce de suppléer à des études mal faites.

Plutarque raconte qu'il avait appris la langue latine assez bien pour la comprendre, mais qu'il ne pouvait la parler. C'étaient les choses, dit-il, qui lui avaient fait retenir les mots. Le contraire arrive dans les colléges ; et l'on peut dire avec raison que les écoliers, après huit ans de fatigue et de patience, ont appris des mots. non des choses. Aussi. qu'arrive-t-il quand ils ont fini leurs études? Trois ou quatre ans après leur sortie de collége, ils ne savent ni les choses ni les mots. Résultat déplorable d'un travail long, continu, et beaucoup trop pénible pour des enfants dont plusieurs en ont la santé profondément altérée ; car, ainsi que je l'ai dit, on les écrase de *devoirs*, qui, s'ils ne sont pas faits au gré du professeur, leur attirent une avalanche de *pensum*.

Quand je soutiens que la santé de ces jeunes forçats de l'intelligence est profondément altérée par le travail qu'on leur impose dans les colléges, c'est une opinion générale que partage un médecin renommé, le docteur Lallemand. «En supposant, dit le savant docteur, les « dispositions les plus favorables, en l'absence de toute autre cau e « débilitante, cette continuité de travail intellectuel, cette absence « d'exercices propres à rétablir l'équilibre, suffirait pour détériorer « les constitutions les plus robustes. Quant à ceux dont le zèle l'em- « porte sur les dispositions, quant à ceux dont on s'est efforcé de « bourrer la tête de connaissances mal élaborées, précipitamment « entassées, ils n'ont pas le temps de les digérer, de se les appro- « prier ; et non-seulement leur constitution s'affaiblit par défaut « d'exercice, mais encore leur cerveau se fatigue, s'affaisse, se « détraque, comme s'atrophie et se déforme le corps des ouvriers « par une cause semblable, un travail trop continu, trop uniforme, « en un mot, au-dessus de leurs forces.»

Comment se fait-il qu'un pareil mode d'enseignement ait duré si long-temps en France? Comment se fait-il que l'université, cette machine vermoulue, n'ait pas été démolie dans nos convulsions sociales ; que cette vieille torture du jeune âge n'ait pas encore été mise en pièces? Et l'on nous dit pourtant le peuple le plus chan- geant, le plus révolutionnaire de l'Europe! Il y aurait plus de rai- son peut-être à nous accuser d'être les conservateurs par excellence des vieux abus. On a beau nous faire observer que l'arbre est ma- lade, que ses feuilles jaunissent, qu'il faut le couper au tronc pour qu'il repousse et reverdisse. Nous y touchons à peine pour en émonder les rameaux. Mais voilà, le vieil arbre ne porte plus de fruit et meurt. Qu'on l'arrache donc pour le jeter au feu, et qu'on en plante un autre à sa place.

II.

Nécessité d'une réforme radicale dans l'organisation universitaire, sous le rapport de l'éducation.

Après avoir signalé dans le premier chapitre les vices de l'organisation universitaire, relativement à l'instruction, et les tristes résultats que cette organisation produit, il me reste à l'examiner sous le rapport de l'éducation, et ma tâche de critique sera plus facile. Tout le monde est d'accord que l'éducation que nos enfants reçoivent dans les colléges laisse beaucoup à désirer ; je trouverai donc moins de contradicteurs en demandant, sous ce rapport, une réforme radicale.

L'éducation et l'instruction sont les deux parties d'un tout : leur cohésion étant parfaite, on ne saurait modifier l'une sans toucher à l'autre. C'est ce qui explique pourquoi, dans mon analyse, malgré mon désir de scinder la matière, en critiquant la distribution de l'enseignement, j'ai empiété sur le domaine de l'éducation. De même en traitant de l'éducation, je serai forcé de parler de l'enseignement; car dans cette matière on peut justement appliquer le vers d'Horace :

$$\ldots\ldots\text{Alterius sic}$$
$$\text{Altera poscit opem res, et conjurat amicè.}$$

Je suivrai l'ordre adopté dans le premier chapitre : je parlerai d'abord du personnel disciplinaire du collége ; c'est contre lui surtout que je dirigerai ma critique ; car c'est lui qui est principalement responsable de l'éducation. Je finirai par les professeurs. Je n'ai pas besoin de prévenir que j'attaque l'institution, et que je respecte les personnes.

L'homme qui, selon moi, devrait remplir dans un collége la fonction la plus importante relativement à l'éducation, ce n'est ni le proviseur, ni le censeur, c'est l'aumônier. Quelle belle mission, en effet, cet homme aurait à remplir, que la mission religieuse ! Dépouillé par état de toute ambition mondaine, dégagé des liens de l'intérêt personnel, il serait tout à tous, comme le maître auquel il a voué sa vie. Plus est modeste le troupeau dont on lui a confié la garde, plus il devrait l'entourer d'amour, veiller avec une tendre sollicitude sur la conservation morale de ses jeunes brebis ; il ne devrait pas les perdre un instant de vue ; il devrait les suivre de l'œil dans leurs jeux et leurs folâtres ébats, pacifier les querelles, étoufer parmi les enfants l'envie, la jalousie, leur inspirer l'affection mutuelle, l'union, la concorde et la fraternité. Si par hasard une de ces jeunes âmes, dont il est le pasteur, venait à s'égarer dans les ronces du vice, comme le Christ son maître et son modèle, avec quelle ardeur il devrait courir à sa recherche, et l'ayant retrouvée, avec quel bonheur la porter sur ses épaules et la ramener au bercail ! Ses prédications, basées sur les sublimes dogmes de l'évangile, devraient être plutôt d'affectueuses exhortations morales, que d'arides dissertations théologiques. Il devrait être, en un mot, le bon pasteur de ces jeunes âmes, leur prêchant le bien pour l'amour du bien et de l'auteur du bien, plutôt que par la crainte du démon et de l'enfer.

En est-il ainsi dans les colléges? Malheureusement non ; l'aumônier fait son métier d'aumônier comme le professeur le sien.

Fêtes et dimanches il dit la messe et les offices dans la chapelle; il catéchise les élèves, il les prêche et les confesse tant bien que mal. Ses sermons sont pareils à ceux d'un prêtre ordinaire dans une paroisse. Il parle à ces enfants comme s'il ne les connaissait pas. Bien ennuyeux pour lui doit être son ministère; car il n'ignore pas que l'instruction religieuse profite bien peu à ceux qui sont contraints de la recevoir. Les cœurs se ferment, et rejettent la sainte semence quand on veut l'y introduire par force. L'aumônier donne l'instruction religieuse, parce que c'est là sa fonction, son devoir, et les élèves la reçoivent comme un *pensum*.

Faut-il s'étonner que ces malheureux enfants, ainsi chapitrés, catéchisés, fassent les esprits forts, montrent un scepticisme qui n'est pas de leur âge? Dans l'instruction secondaire, l'absence des idées religieuses, bases de la morale et de l'éducation, est d'une telle gravité, qu'elle préoccupe vivement les hommes qui veulent sérieusement la moralisation du peuple. C'est une chose qui serre le cœur, de voir un jeune enfant pieusement élevé au sein de sa famille, perdre bientôt dans nos colléges les saints principes qui protégeaient son innocence A force de narguer, de conspuer ses croyances religieuses, l'étourderie effrénée de ses jeunes camarades finit par déflorer sa pudeur. Comment pourrait-il, le pauvre enfant, défendre contre des attaques incessantes sa virginale chasteté? A quoi peuvent lui servir les ennuyeux sermons d'un prêtre qu'il ne connaît pas, et qui ne donne signe de vie que par de rares apparitions dans le sanctuaire d'une chapelle? Donc, les fonctions d'un aumônier, telles qu'elles sont exercées, pourraient, sans trop d'inconvénient, être retranchées dans les colléges.

Ce prêtre, du moins, qui aujourd'hui n'est qu'un chapelain, ce prêtre comme chapelain a une tâche à remplir, et il la remplit; mais qu'est-ce qu'un proviseur? quel est son emploi? que fait-il? sa place n'est-elle pas une superfétation, une coûteuse sinécure? Qu'est-ce que c'est qu'un directeur qui n'a rien à diriger? car c'est le censeur qui a dans ses mains les rênes de la discipline. Qu'est-ce qu'un administrateur qui n'administre rien? car c'est l'économe qui est chargé des recettes et des dépenses, des soins matériels du collége. Il est plus qu'un comptable; il est le véritable administrateur. Sans rapport direct avec les professeurs et les élèves, le proviseur ne doit avoir aucune responsabilité. Pourquoi s'en prendre à lui quand le collége est florissant ou en désarroi? Et pourtant c'est à lui que les parents des élèves adressent leurs félicitations ou leurs plaintes touchant la réparation de griefs qu'il ignore, et qui sont indépendants de sa volonté. Ce haut fonctionnaire, qui devrait être le premier instituteur du collége, ne communique avec les élèves que dans les grandes occasions, à la distribution des prix, par exemple, ou bien lorsqu'il éclate une révolte. Alors seulement il apparaît, il harangue, il punit ou récompense. Puis ce roi fainéant de l'université se hâte de rentrer dans son opulente inaction. Il a tout le loisir de faire aux parents les honneurs de la maison, ce dont il s'acquitte d'ailleurs d'une manière fort convenable. Pour lui rendre la justice qui lui est due, il ne faut pas oublier qu'il reçoit par fois à sa table quelques écoliers désignés par les professeurs. A la vérité, le choix de ces derniers ne tombe pas sur ceux qui se font remarquer par leur moralité et leur bonne conduite, mais sur les premiers de la classe, c'est-à-dire, sur les élèves dont le cerveau, martelé chaque jour par des répétiteurs, laisse échapper moins de solécismes.

Il faut l'avouer, monsieur le proviseur, dans tout cela le censeur vous remplacerait à merveille ; il parlerait aux parents de leurs enfants, qu'il connaît mieux que vous ; il pourrait donner à dîner à ceux des écoliers dont la bonne conduite paraîtrait avoir mérité cette récompense. C'est pourquoi je vous le dis à regret, monsieur le proviseur, vous êtes un sinécuriste, et nous sommes en république.

Je viens de parler du censeur ; puisque je le tiens sous ma main, il faut que je l'examine. Son nom indique sa fonction : c'est le correcteur du collège. Inflexible comme l'arrêt professoral qu'il exécute, il frappe en aveugle, sans en rechercher la raison. Il punit aussi de son chef ; car il dirige la discipline. Le proviseur récompense quelquefois ; le censeur ne fait que punir. Quel est donc l'homme sans entrailles qui peut volontairement embrasser une profession qui consiste à torturer des enfants, sans les consoler, s'ils s'amendent, par l'espoir d'une récompense ? On est bourreau de père en fils, c'est dans notre état social une nécessité fatale. Mais nul homme n'est obligé d'être censeur dans un collège. Comment se fait-il que cette place soit recherchée par une multitude d'universitaires capables de tout autre emploi ? Y aurait-il des hommes qui mettent leur bonheur à se faire craindre ? Dans ce cas, le censeur doit être satisfait. C'est un véritable épouvantail pour les jeunes âmes que les punitions n'ont point endurcies. Je doute que l'ancien correcteur des jésuites, chargé de fustiger les écoliers qui avaient mérité une pénitence exemplaire, je doute qu'il eût le privilège d'inspirer autant de crainte que le censeur. *Oderunt quem metuunt.* On hait celui que l'on craint, dit Lhomond. Or de la haine à la vengeance il n'y a qu'un pas. Heureusement pour le censeur, il a pour plastron les maîtres d'étude.

Il y a environ soixante ans, dans un village du midi de la France, il existait un magister qui employait un singulier moyen de correction à l'égard de ses écoliers. Pendant tout le temps que durait la classe, il était armé d'un fort et long roseau, comme il en pousse sur les bords des fleuves de la contrée. Lorsqu'un enfant n'étudiait pas sa leçon, ou troublait ses voisins par quelque espièglerie, le magister, sans se déranger, et sans même rien dire à l'enfant, lui frappait la tête du bout de son roseau qui était assez long pour atteindre les plus éloignés de son siége.

Un beau jour, les plus mutins complotèrent de se venger de leur maître. Ils profitèrent de quelques moments d'absence du magister, se saisirent du roseau, et l'ayant brisé, ils en jetèrent les morceaux par la fenêtre.

Le maître d'étude est dans les mains du censeur ce qu'était le roseau dans les mains du maître d'école ; c'est son instrument, sa férule ; et comme la férule est vivante ; qu'elle frappe aussi d'elle-même ; qu'elle est toujous là. menaçante, se posant en face des élèves, prête à punir la moindre animadvertance, la plus légère infraction à l'ordre. à la discipline, Dieu sait quelle somme de haine et de mépris s'amasse et fermente dans ces jeunes cerveaux toujours disposés à se révolter contre cet instrument de supplice ! Combien de fois, s'ils en avaient le pouvoir, ils feraient de luicomme les jeunes villageois du fragile roseau de leur magister ! S'ils haïssent le censeur, du moins ils le respectent ; mais l'existence du maître d'étude est trop précaire, trop dépendante. pour jouir auprès d'eux de la moindre considération. Ils savent qu'il n'est que l'instrument du censeur, qu'un caprice de ce fonctionnaire ou du proviseur, peut le briser. Regardé par eux comme une machine à *pensum*, ils suivent ses ordres comme on suit l'impulsion d'une force mécanique, qu'on ne peut vaincre sans dangers. Son influence morale est nulle ; on lui obéit en se moquant de ses conseils.

Et pourtant, le maître d'étude est le levier de l'éducation dans un établissement d'instruction secondaire; c'est lui qui en a la réelle et incessante direction. Nest-ce pas une bizarre anomalie que. par les vices de l'institution, l'homme qui remplit la fonction la plus importante soit le dernier des fonctionnaires ? Que celui qui a véritablement charge d'âmes, qui devrait être, par conséquent, le plus respectable, soit précisément le plus méprisé ? Sous le gouvernement déchu, on avait paru le comprendre ; et parce que l'argent était alors regardé comme le principal moyen de considération. après un rapport longuement motivé, dans lequel on prouvait surabondamment que la position des maîtres d'étude devait être améliorée. relevée, l'ex-ministre Salvandy conclut à une augmentation de traitement. Mais le dernier serviteur d'une maison. dont on grossit le salaire, en est-il moins un valet ? Mais l'esclave à qui le maître permet de doubler son pécule, a-t-il cessé d'être esclave ? La servitude même volontaire, comme celle du maître d'étude, a fait son temps ; elle est inhumaine, illégale ; dans l'université comme ailleurs, elle doit cesser.

Autant le maître d'etude, poussé par le besoin dans sa pénible carrière, a sacrifié à la nécessité de vivre les nobles instincts de la liberté. autant il s'est courbé, affaissé sous la volonté d'autrui, autant le professeur a franchi les limites qui auraient dû borner son indépendance. Personne dans le collège ne s'arroge le droit de contrôler ses actes et ses paroles. Il punit, il récompense à sa fantaisie, et nul ne peut lui demander compte de l'excès de son indulgence ou de sa sévérité En se déchargeant sur le censeur du soin de faire subir la punition qu'il inflige, il cache la main qui punit ; mais en se réservant de récompenser lui-même, il montre la main qui récompense. Il peut ainsi écarter de sa personne l'odieux d'une sévérité souvent nécessaire, et nourrir dans le cœur des enfants le sentiment de gratitude qu'y fait naître la répartition des récompenses méritées.

Voilà certes deux puissants moyens d'influence morale, qui, dirigés vers l'éducation, produiraient d'excellents résultats. Mais qu'importe au professeur la moralité de l'élève? C'est bien le moindre de ses soucis; suivant en cela les vieux errements stygmatisés par Montaigne, *il s'enquiert volontiers sait-il du grec ou du latin? Mais s'il est devenu mélieur ou plus avisé, c'était le principal, et c'est ce qui est demeuré derrière.*

Voudrait-il d'ailleurs faire de l'éducation, qu'il ne le pourrait vraiment pas. Pour être éducateur, il faut être moraliste; pour moraliser avec fruit les enfants, il faut étudier leurs instincts, leurs aptitudes, et surtout les aimer; car rien ne les persuade comme les paroles sorties du cœur. *Pectus est quod dissertos facit*, a dit Cicéron: ce qui est tout aussi vrai, à l'égard des enfants qu'à l'égard des hommes. Or personne ne le conteste, le professeur a sur les bras un trop grand nombre d'élèves: il les garde trop peu de temps, je ne dis pas pour les aimer, mais seulement pour les connaître. Que voulez-vous qu'il fasse au milieu de quarante ou cinquante têtes folles, le plus souvent occupées à toute autre chose qu'à écouter ses leçons? c'est merveille si, par une routine professionelle, il parvient à maintenir l'ordre dans la classe, à brider leur imagination par de fastidieux devoirs. Il passe la plus grande partie du temps. à vérifier la besogne de la veille, à fixer celle du lendemain, à traquer la paresse des uns, à stimuler la diligence des autres par une rapide inspection d'un certain nombre de copies et de cahiers, par la récitation des leçons. Malheureusement pour le plus grand nombre, ce n'est pas sur les faibles que le professeur porte son attention de préférence, c'est sur les plus intelligents et les plus laborieux, ceux qui doivent lui faire honneur, quand les inspecteurs viendront examiner sa classe. Car la satisfaction de la vanité professorale exige qu'il y ait dans la classe, trois ou quatre élèves qui, par leurs connaissances acquises, dépassent tellement les autres, qu'ils pourraient marcher de pair avec ceux d'une et même de deux classes supérieures. C'est précisément à ceux-là, qui en ont le moins besoin, qu'il adresse son enseignement avec une prédilection qui n'est pas de la charité chrétienne. Il en résulte que le fardeau imposé à tous, supportable pour quelques-uns, est au dessus des forces du plus grand nombre. Pour le porter plus aisément ils s'épaulent les uns les autres; ils se soufflent mutuellement leurs leçons; les plus diligents donnent à copier leurs devoirs à leurs condisciples, qui ne savent ou qui ne veulent pas les faire d'eux-mêmes, et qui, à l'aide de contresens ou de solécismes volontaires, défigurent tellement ces devoirs, que le professeur, comme ils disent, n'y voit souvent que *du bleu*.

En résumé, la classe est un champ clos où le zèle du maître et la paresse des enfants se font une guerre acharnée. Le professeur qui a la force en main, c'est-à-dire, l'autorité, finit par l'emporter; la paresse est vaincue; mais il a besoin d'y employer tout son temps; il ne lui en reste pas pour faire de l'éducation, pour moraliser ses élèves.

Je bornerai là mon examen critique des collèges. Je crois avoir suffisamment montré les vices radicaux de l'instruction secondaire,

tant sous le rapport de la moralité des enfants, que du développeme t
de leur intelligence. Je crois avoir prouvé que l'organisation universitaire, telle qu'elle existe, ne saurait équitablement répartir parmi
tous les enfants, l'instruction et l'éducation , comme doit l'exiger la
République. J'ai attaqué l institution, mais respectant les hommes,
j'ai passé sous silence les nombreux exemples de monstrueuse im-
moralité, que j'aurais pu signaler dans nos établissements d'instruction publique, exemples qui seraient plus rares, s ils étaient prévenus
par une surveillance mieux entendue. Voulant changer l'institution,
je n'ai pas cru nécessaire de dévoiler les abus qui naissent de la mauvaise gestion des fonctionnaires. Il y aurait d'ailleurs trop à dire,
et il me répugne de faire d'un sujet si grave, matière à personnalités.

Dans le chapitre suivant, je donnerai mon plan d'une nouvelle
organisation de l'ustruction secondaire. Je désire de toute mon âme
qu'il puisse servir à réaliser ces belles paroles d'un roi de Sparte, à
qui l'on demandait ce qu'on devait apprendre aux enfants, et qui
répondit : « Ce qu'ils doivent faire, étant hommes. »

III.

Plan raisonné d'une nouvelle organisation de l'instruction secondaire.

« Celui qui est le maître de l'éducation, dit Leibnitz, peut changer
« la face du monde. »

Et pourtant, l'éducation est depuis long-temps séparée de l'instruction secondaire. Depuis longtemps l'Université n'a cessé d'employer le déplorable système d'instruire nos enfants, sans les moraliser, comme s'il valait mieux pour la société, être savant qu'hon-
nête homme. Il appartient à la République d'unir promptement,
par un bon système d'enseignement, l'instruction et l'éducation,
qu'on n'aurait pas dû séparer ; il lui appartient de faire fleurir ces
deux branches d'un même tronc, afin que nos enfants recueillent
les fruits qu'elles ne manqueront pas de répandre sur le sol régénéré
de la patrie.

Pour qu'il en soit ainsi, il faut d'abord changer l'autorité discipli-
naire du collège ; il faut une organisation nouvelle ; il ne faut plus ni
proviseur, ni censeur, ni maîtres d'études. Un conseil composé d'un
président et d'autant de membres que l'exigera l'importance du collége, sera chargé de la surveillance et de la direction morale des
élèves ; les membres de ce conseil seront appelés directeurs du
collège ; ils en auront l'administration ; l'économe leur rendra ses
comptes. Leur traitement sera plus élevé que celui des professeurs ;
ils auront le pas sur eux dans les cérémonies publiques. Comme ils
seront les premiers fonctionnaires du collège, on devra les choisir
parmi les hommes qui, à une sévère moralité, joindront les connaissances les plus variées. Les sciences, les lettres, les arts, les langues
mortes et vivantes, les mœurs, les coutumes des nations anciennes

et modernes, ils devront tout connaitre, sinon d'une manière approfondie, assez du moins pour en parler, sans faire preuve d'ignorance. Ils seront nommés par le ministre de l'instruction publique, sur la proposition d'une commission spéciale, chargée d'examiner les titres des candidats.

Chaque directeur aura le droit de s'introduire dans les classes, d'y surveiller la discipline, de punir ou de récompenser les élèves, toutefois sur la proposition du professeur. Les punitions et les récompenses extraordinaires seront infligées et décernées par le conseil auquel s'adjoindra un certain nombre de professeurs. Chaque directeur aura également le droit de contrôler les actes et l'enseignement des professeurs ; il fera son rapport au conseil composé comme il vient d'être dit, qui pourra prononcer la suspension de tout fonctionnaire de l'établissement, même d'un directeur. Mais le renvoi définitif, tant d'un professeur que d'un directeur, sera déféré à la décision du ministre de l'instruction publique. Ce conseil connaîtra des fautes graves des élèves comme des fonctionnaires du collège. Il prononcera l'expulsion des écoliers coupables, l'emprisonnement et autres peines réservées à l'excitation à la révolte, aux larcins, etc. Selon les cas, il jugera à huis clos ou en présence des élèves. Quelque soit l'accusé, écolier ou fonctionnaire, il ne pourra être condamné qu'après avoir été entendu dans sa défense.

S'il est vrai que les enfants aient à un haut degré le sentiment du juste et de l'injuste ; que rien ne les irrite comme une punition imméritée, ou une récompense donnée à qui en est indigne, il faut que la justice leur soit rendue avec la plus complète impartialité ; il faut qu'elle offre toutes les garanties nécessaires pour atteindre le coupable et pour protéger l'innocent.

Tous les élèves auront donc le droit d'en appeler à ce tribunal contre les maîtres ou leurs condisciples, dont ils auraient à se plaindre de quelque grave injustice.

Lorsqu'une action d'éclat aura mérité à un écolier une récompense exemplaire, il ne pourra la réclamer lui-même ; mais chacun de ses condisciples aura le droit, et ce sera pour lui un devoir, d'en présenter par écrit la demande au tribunal, qui avisera, s'il y a lieu. Car ses attributions ne consistent pas seulement à punir le vice, mais encore à récompenser la vertu.

Deposuit potentes de sede, et exaltavit humiles ! s'écrieront les partisans de l'université. Vous élevez les maîtres d'étude à la dignité de proviseur : vous leur faites juger les professeurs ; mais c'est une révolution rêve d'un homme en démence ! Ce n'est pas tout ; vous désarmez les maîtres du droit de punir, de récompenser à leur fantaisie, et vous créez un tribunal pour juger les griefs des élèves, que vous traitez comme des hommes ; c'est encore de la folie ; car vous oubliez que les élèves ne sont encore que des enfants.

Sans doute la réforme que je réclame est une révolution, mais une révolution pacifique et nécessaire, comme toutes celles que désirent les hommes sages. Oui, ce sont les surveillants, les maîtres d'étude, qui doivent être les plus honorés des fonctionnaires du collége. N'est-ce pas souverainement juste, puisque ce sont eux qui remplissent la plus honorable des fonctions, celle de moraliser nos enfants, de diriger leur éducation ? Le mépris dont on les abreuve est une amère injustice, que l'Université n'a pas encore réparée. Mais puisqu'ils sont, et qu'ils doivent être les chefs de l'éducation, je veux que leur autorité soit à la fois respectable et respectée. Voilà pourquoi, outre leur moralité irreprochable, je veux qu'ils soient supérieurs aux maîtres enseignants, sinon par la spécialité, du moins par la variété de leurs connaissances. Et lorsque les enfants, qui ont le nez si fin pour dépister les défauts et les qualités de leurs maîtres, sauront que leur éducation est sous la main d'hommes sages, éclairés dignes de la considération publique, non-seu ement ils obéiront volontairement à leurs ordres; mais ils s'empresseront de suivre leurs conseils.

Notre ennemi, c'est notre maître,

a dit La Fontaine, maxime, hélas! trop vraie dans les colléges, où les enfants n'ont dans le cœur, pour ceux qui sont chargés de leur discipline, que des sentiments de haine, de mépris ou de défiance. En adoptant l'organisation que je propose, on remplacera ces sentiments funestes par l'estime, la confiance, le respect et l'affection. Alors, mais alors seulement, l'éducation sera fondée.

On se récrie aussi contre l'établissement dans les colléges, d'un tribunal suprême devant lequel les écoliers pourront porter leurs plaintes, même contre leurs maîtres; et la raison, c'est qu'on ne do t pas traiter les enfants comme des hommes. Mais une injustice commise envers un enfant, en est-elle moins une injustice? Et quel est le maître qui peut affirmer qu'il n'a jamais puni que des écoliers coupables, que sa férule clairvoyante a toujours épargné l'innocent? Je le demande au professeur le plus scrupuleux, les récompenses qu'il octroie, sont-elles toujours méritées? Mais si cela n'est pas; si dans les colléges de graves injustices sont commises, graves surtout pour des enfants, si facilement, si vivement impressionnables, il faut qu'elles soient réparées; et le moyen le plus rationnel, le plus efficace de les réparer, c'est de créer un tribunal devant lequel écoliers et maîtres seront tenus de rendre compte de leurs actes. N'oublions pas que le régime du bon plaisir, inhérent au vieux système de l'université, est un héritage du despotisme, que les membres de cette corporation se sont transmis d'âge en âge. N'oublions pas qu'ils l'exercent sans vergogne sur de faibles êtres qui pensent, qui raisonnent, qui ont une âme enfin, et qu'on traite souvent comme des esclaves, comme des brutes, pis encore; car lorsqu'on les punit, s'ils se plaignent, innocents ou coupables, on sévit contre eux avec plus de rigueur. Et pourtant on leur fait traduire dans un auteur latin cette célèbre sentence: *Maxima debetur puero reverentia!*....

Je n'hésite pas à le dire: pour faire germer dans le cœur des enfants, les vertus viriles que la société aura le droit de leur demander un jour, le maître doit se conduire à leur égard comme s ils les avaient déjà   il doit les relever à leurs propres yeux ; il doit surtout respecter en eux la haine qu'ils ont de la servitude, leur saint amour pour la justice et la liberté.

Ne seront-ils pas un jour citoyens? Qu'ils apprennent donc à le devenir par la discipline scolaire ; qu'ils soient républicains dès le collége, si l'on veut que la république les compte un jour parmi les plus zélés, et les plus éclairés de ses défenseurs.

La fonction d'un aumônier ne sera pas inutile dans cette nouvelle organisation de l'instruction secondaire. Ministre d'un dieu de paix qui ne veut pas la mort du pécheur, mais son repentir, sa mission devra être toute de miséricorde. Il aura des communications frequentes avec les élèves, principalement avec ceux que le pouvoir disciplinaire aura le plus rigoureusement frappés. Il écoutera leurs doléances avec bonté, il calmera l'aigreur, les ressentiments que les punitions excitent souvent dans ces jeunes âmes ; il provoquera en elles des sentiments de repentance, de modération, de retour au bien ; il appellera sur ceux qui s'amendent l'indulgence du maître, auquel il demandera de leur faire grâce ou de commuer leur peine. Si le maître refuse, il ne l'accusera jamais auprès des enfants ; mais il tâchera de les consoler par d'affectueuses paroles qu'il puisera dans l'évangile, source intarissable de consolations pour ceux qui souffrent, ou qu'il trouvera dans son cœur, s'il aime cet âge charmant dont les passions sont vives mais fugaces, cet âge que le chagrin affecte plus qu'on ne pense, quoiqu'il en soit vite oublié.

L'éducation étant organisée, il reste à réformer l'instruction, c'est-à-dire l'enseignement méthodique des sciences et des lettres. Comme chacun sait, la durée commune des études classiques est de neuf à dix ans. Pendant sept années consécutives, on enseigne aux enfants le latin et le grec, l'histoire, la géographie, les éléments des sciences, qu'ils continuent à étudier surtout pendant les deux dernières années, consacrées, quant aux lettres, l'une au cours de rhétorique, et l'autre à celui de philosophie.

Je n'ai pas à critiquer ces deux cours, parce qu'ils ne font pas, à proprement parler, parties intégrantes de l'instruction secondaire, mais plutôt de l'instruction supérieure des facultés. Ce n'est pas que je désire leur exclusion des colléges ; bien au contraire, il faut les y garder comme couronnement des études classiques. Seulement la rhétorique doit surtout être française, et la philosophie s'occuper moins de la psychologie, beaucoup plus de la morale, qu'elle néglige, et qui devrait être le principal objet de cet enseignement.

Quant aux sciences exactes, analytiques et d'observation, l'enseignement en est convenable, sauf que la pratique est trop sacrifiée à la théorie. C'est pourquoi, dans la nouvelle organisation, non seulement on étudiera les sciences, comme aujourd'hui, pendant les deux années de rhétorique et de philosophie, mais pendant une troisième année, qui sera surtout employée aux applications de la théorie, à la pratique.

La réforme que je propose n'est radicale que pour l'enseignement du latin et du grec. Cet enseignement ne sera plus divisé, morcelé entre plusieurs professeurs, qui, par la diversité de leurs méthodes, déroutent l'esprit de l'élève, brisent l'enchaînement de ses idées, fourvoient son jugement, et rendent souvent stériles les efforts de la mémoire la plus heureuse. Il n'y aura plus de classes ; mais comme le professeur d'histoire fait un cours d'histoire, celui de mathématiques, un cours de mathématiques, les maîtres de grec feront un cours de langue grecque, et ceux de langue latine, un cours de latin. Chaque cours sera confié au même professeur pendant toute sa durée, limitée à trois ans pour le grec, et pour le latin, à quatre ans. Chaque professeur n'aura pas plus de quinze élèves, pour qu'il étende sa sollicitude sur tous indistinctement, pour que son zèle stimule ceux qui sont en arrière comme ceux qu'une bouillante ardeur emporte en avant, loin de leurs condisciples, et qu'il doit pousser encore, pour qu'ils franchissent la barrière de sa classe, et passent dans un cours supérieur.

Dès leur entrée au collège, les élèves commencent l'étude du latin ; quatre ans bien employés doivent suffire pour qu'ils soient rompus aux difficultés de cette langue, et qu'ils traduisent couramment les auteurs. Ils peuvent donc, après ce laps de temps, commencer leur rhétorique. Ils ne doivent étudier le grec qu'après un an de latin, « Car, dit Lancelot, puisqu'il faut aller en remontant, il est « bien à propos de passer un peu par la langue latine, d'où dépen— « dent la plupart des mots de notre langue, avant que d'arriver à la « grecque, d'où est descendue la latine. Et puis il est certain que les « commencements de la langue latine, les déclinaisons, les conju— « gaisons, et le reste des principes, sont plus aisés et plus propor— « tionnés aux jeunes enfants que ceux de la grecque. »

Dans les colléges peu nombreux, un même professeur pourrait enseigner les deux langues, en faisant toutefois deux cours séparés.

Parallèlement à ces cours, on maintiendrait ceux des langues vivantes, dont une au moins devrait être apprise par les élèves. Il y aurait également pendant la première année un cours de grammaire française qui serait le complément de l'instruction primaire, que chaque élève doit avoir reçue avant d'entrer au collége.

Les cours d'histoire et de géographie continueraient d'être obligatoires.

Mais quatre ans d'étude sous un même maître sont indispensables pour que les enfants, destinés aux professions savantes, acquièrent une connaissance suffisante des deux langues, qui seront toujours la base de ces professions. A ceux qui trouveraient le temps trop long, je rappelerai ce que dit encore Lancelot «Que les langues ne peuvent « s'apprendre que par un long usage, et une grande assiduité, si l'on « veut s'en rendre maître.» Et d'ailleurs, il faut les enseigner à des enfants dont l'esprit, selon l'expression ingénieuse et pittoresque du grammairien Lhomond, est comparable à un vase à étroite embouchure, dans lequel on doit introduire la science goutte à goutte. Si l'on en verse trop à la fois, elle se répand au dehors, et n'entre pas dans le vase.

Il est également nécessaire que le cours ne soit pas suivi par un trop grand nombre d'élèves. Pour être profitable, l'enseignement doit procéder par la méthode *socratique*, c'est-à-dire, par induction et par interrogation, méthode dont l'excellence ne saurait être révoquée en doute, mais dont l'emploi exige un nombre borné d'auditeurs.

« Je ne veux pas, dit Montaigne, que le maître parle seul, je « veux qu'il écoute son disciple parler à son tour. Il est bon « qu'il le fasse trotter devant lui, pour qu'il puisse juger de son train, « et jusqu'à quel point il se doit ravaler pour s'acccomoder à sa force. »

L'utilité de ces conseils est incontestable; mais comment un maître pourrait-il les suivre au milieu de quarante ou cinquante élèves?

Il est également indispensable d'éliminer du cours les enfants qui, par la supériorité de leur intelligence ou de leurs connaissances acquises, laissent évidemment leurs condisciples derrière eux. La prétendue émulation qu'ils excitent parmi les élèves, n'est qu'un masque derrière lequel se cachent l'amour-propre du professeur, qui se repose sur eux du soin de faire briller sa classe, et la vanité des parents, flattés de voir leurs enfants remporter à la fin de l'année, des prix qu'ils ont gagnés sans peine, et que d'autres par leur travail ont beaucoup mieux mérités. L'émulation est une lutte. Si l'on ne met aux prises que des champions de force à peu près égale, chacun redouble d'ardeur pour renverser son adversaire; s'il y a trop d'inégalité entr'eux, le plus fort assuré de vaincre, se néglige, et le plus faible se décourage, certain d'avance d'être vaincu.

Comme l'habile horticulteur, qui transplante dans un autre champ l'arbre dont les pousses vigoureuses nuisent au développement des végétaux voisins, le conseil du collége confiera au maître d'un cours supérieur l'élève qui en sera digne par ses rapides progrès, et cette translation, faite avec solennité, sera considérée comme une des plus belles récompenses. L'émulation sera dès-lors véritablement profitable; elle ne sera que plus vive, par une excitation également répartie parmi des enfants, dont l'intelligence sera sans cesse en haleine, sous l'impulsion d'un maître attentif aux progrès de tous.

Cette modification de l'enseignement classique abrégera le temps que les enfants passent dans les colléges. L'instruction sera plus approfondie, plus également distribuée, et l'influence morale d'un maître qui, pendant quatre ans, enseignera les mêmes élèves, deviendra un puissant auxiliaire de la discipline.

En résumé, par la double réforme de la discipline et de l'enseignement, l'éducation sera fondée dans nos établissements d'instruction secondaire. Ce bienfait, ardemment souhaité de la France entière, puisse l'assemblée nationale, par une bonne loi organique, se hâter de le réaliser! Elle aura bien mérité de la patrie.

FIN.

Imp. Chassaignon, 4, r. Côte-de-Cœur.